DE L'INFLUENCE

DU SYSTÈME

DE L'ÉLECTION DES DÉPUTÉS

Des Départements,

ET

DE LA MARCHE ACTUELLE DU GOUVERNEMENT REPRÉSENTATIF

SUR

l'Administration générale du pays;

PAR M. DE RIGNY,

Ancien préfet.

PARIS,

AU BUREAU DE LA REVUE ADMINISTRATIVE,

RUE JACOB, 48.

1841

IMPRIMERIE DE SCHNEIDER ET LANGRAND,
RUE D'ERFURTH, N° 1.

I.

DE L'ADMINISTRATION PUBLIQUE, ET PRINCIPALEMENT DE L'INFLUENCE DE L'ACTION POLITIQUE SUR SES ACTES.

L'administration publique embrasse l'action centrale des pouvoirs supérieurs et celle de l'initiative réservée, sous sa haute surveillance, aux pouvoirs secondaires des différentes circonscriptions du territoire. Elle est généralement peu appréciée en France. Tous profitent, sans lui en attribuer aucun mérite, des bienfaits de son action, et chacun ressent d'une manière très-sensible la gêne qu'elle est souvent obligée d'imposer à plusieurs dans l'intérêt commun.

Elle est donc jugée avec prévention dans les masses, qui, ne connaissant pas les obstacles qu'elle rencontre, lui tiennent peu de compte de ses efforts pour les surmonter.

L'influence politique qui s'étend aujourd'hui aux plus petits détails de son action est le plus puissant de ces obstacles et la principale cause de sa déconsidération morale.

Le mouvement progressif de la société n'est pas entière-

ment son œuvre ; il est principalement dû à l'action indivi-
duelle de ses membres, qui, chacun, en s'occupant d'améliorer
sa situation, concourent ensemble à l'accroissement de tous
les genres de richesse publique.

Vient ensuite l'action collective qui s'exerce en France
par les circonscriptions administratives et municipales.

Enfin, le gouvernement intervient pour maintenir l'ordre
à l'intérieur et la sécurité contre l'extérieur ;

Il peut aussi, par le meilleur emploi des forces sociales
mises à sa disposition, imprimer au mouvement général la
direction la plus favorable au perfectionnement moral et matériel.

Un de ses soins constants doit être de laisser à l'action in-
dividuelle et collective toute la liberté conciliable avec la
gestion éclairée de la part de la fortune publique affectée aux
dépenses de l'État.

Notre organisation administrative attribue ce soin au ministre des finances, dont le principal mérite est de savoir
prélever, de la manière la moins onéreuse pour la reproduc-
tion des capitaux, et la moins gênante pour le public, les
ressources qu'il fournit au budget.

C'est ensuite aux ministres de l'intérieur, de l'instruction
publique, des travaux publics et du commerce, qu'est dévo-
lue la principale part d'influence que doit exercer le pouvoir
sur les meilleures tendances à imprimer à tous vers le but
commun que nous avons indiqué, l'amélioration de la société

Cette influence s'exerce :

1° Par l'organisation la plus favorable à l'action des circonscriptions secondaires et par l'impulsion à donner aux
administrations chargées de les diriger ;

2° Par un emploi judicieux des fonds affectés à l'instruction commune, aux travaux publics, ainsi que des primes et
subventions pour tous les genres d'encouragements ;

3° Enfin, par les modifications éclairées que réclament sans cesse les règlements sur l'industrie, le commerce et les tarifs des douanes pour les dégager de ce en quoi ils cessent d'être utiles à l'intérêt général, pour ne plus profiter qu'aux individualités qui tendent à s'y substituer.

Les ministres des affaires étrangères et de la marine concourent au même but, en cherchant à étendre les relations du pays avec les contrées les plus éloignées.

Telle est, sous le rapport de l'administration, l'importance des devoirs que l'unité impériale a léguée aux neuf ministres constitutionnels et responsables, entre lesquels ces devoirs se trouvent, aujourd'hui, répartis.

L'action administrative ne rencontre plus en France ces obstacles qui résultent encore ailleurs de droits préexistants de quelques localités et de certaines classes les unes sur les autres, et auxquels la législation elle-même reste subordonnée : l'Assemblée constituante a fait disparaître toute espèce de corporations et de divisions privilégiées du territoire, pour ne laisser que des individualités toutes également soumises à cette action.

Nous devons aussi comprendre dans les conditions favorables de notre situation sociale le grand nombre de personnes attachées au sol par la division de la propriété et l'énorme proportion des travailleurs agricoles sur les ouvriers des manufactures.

L'existence des habitants des campagnes, qui prélèvent d'abord leur nourriture sur les produits de la terre, est beaucoup moins précaire que celle des nombreuses populations des grandes villes manufacturières, que la faim vient assiéger à toutes les interruptions de leur travail spécial, et dont le salaire devient insensiblement le plus faible de tous, par l'effet d'une concurrence illimitée qui part de tous les points du monde.

Je suis loin de désirer pour le bien-être moral et matériel

de mon pays ces luttes avec les autres nations à l'occasion des applications de la main-d'œuvre dans lesquelles elles auraient pris l'avance et où les machines jouent le principal rôle, comme les filatures, les tissages, etc.

Je laisserais volontiers à l'Angleterre ses Manchester, si je pouvais contribuer à étendre à l'ensemble du pays les progrès d'agriculture qui existent déjà sur plusieurs parties de son territoire.

Le gouvernement ne doit chercher à favoriser que les genres de productions utiles à la défense du pays et celles pour lesquelles nous avons un avantage naturel ou acquis sur le marché général des nations.

Les nations ainsi que les particuliers ne doivent mettre aucun amour-propre à produire elles-mêmes les objets de consommation directe qu'elles peuvent acheter à meilleur marché de leurs voisins.

Pour qu'il y ait échange entre elles, il faut que chacune consente à recevoir les importations qui servent à payer ses exportations.

Tout échange est avantageux aux deux parties, car l'une donne ce qu'elle a de trop pour recevoir ce qui lui manque ; mais le plus grand profit sera pour celle qui donnera ce qui lui coûte le moins à produire, et dans ce genre les produits du sol sont en première ligne.

Nos institutions secondaires administratives sont encore, quant à leur organisation, le résultat de la constitution de l'an 8, qui n'a admis, pour l'administration du territoire français, que deux circonscriptions réelles, les départements et les communes ;

Ce sont les seules qui soient douées de moyens d'exécution par un budget ; les arrondissements n'ont que des vœux à émettre, et les cantons n'ont conservé aucune espèce d'action (1).

____

(1) L'étendue moyenne des départements est de 510 lieues carrées ; celle des

Dans les départements et les communes, le pouvoir exécutif est confié aux préfets et aux maires. Le pouvoir de délibération appartient aux conseils généraux et municipaux qui ont l'initiative du vote des dépenses.

En Angleterre, il n'y a d'administration du territoire que par les comtés. Ce sont les juges de paix réunis en quarter sessions qui pourvoient aux besoins communs dans ce ressort, lorsque leur action n'a pas été prévenue par des associations de particuliers.

La nécessité de la dépense une fois admise par l'assemblée des juges de paix, pour les objets qui constitueraient en France un service départemental ou municipal, cette assemblée en fait la répartition entre les paroisses intéressées, en raison de leurs ressources, et sans avoir même à prendre leur avis.

Les entreprises publiques d'une plus grande portée, beaucoup de routes principales, les canaux, chemins de fer, etc., s'exécutent, en dehors de toute action administrative, par des compagnies, au moyen d'un péage; elles sont autorisées directement par un bill sans l'intervention du ministère et sur la proposition de plusieurs membres du parlement, qui se forment d'eux-mêmes en comité *ad hoc*.

Dans les États de l'Allemagne, un plus grand nombre de circonscriptions du territoire concilie bien plus qu'en France l'analogie des besoins communs avec la facilité de réalisation des moyens d'y pourvoir.

Les town ships de l'Amérique septentrionale sont, comme

communes est seu'ement de 7/10ᵉ de lieue; celle des arrondissements, de 75 lieues, et les cantons, de 9 lieues 5/7ᵉ.

Ainsi, les besoins communs dont la circonscription naturelle dépasse la trop petite unité communale sans atteindre l'étendue des départements ou même celle des arrondissements, n'ont point d'organes chargés de veiller à leur manifestation, et de pourvoir à ce qu'ils soient satisfaits.

nos municipalités, le degré inférieur de la division du territoire, mais ils ont dix ou douze fois plus d'étendue, et peuvent embrasser un plus grand nombre d'objets.

En France, les améliorations à espérer dans la situation actuelle des populations rurales que comporterait la même surface que les town ships, celle de nos cantons, par exemple, ne peuvent se faire jour; elles sont entravées, en l'absence d'un pouvoir cantonal, par les trop petites enceintes dans lesquelles s'exerce le pouvoir municipal.

Il n'est question que des populations rurales; le pouvoir municipal s'adapte partout aux villes pour lesquelles il a été conçu; l'organisation romaine distinguait les municipes des pagi. La nôtre est la même pour les villes et les villages.

L'esprit d'association, qui a créé en Angleterre d'innombrables travaux publics, n'a rien ou à peu près rien produit de semblable en France.

L'administration publique doit y pourvoir à la généralité des besoins communs, et nos municipalités rurales sont chargées de beaucoup d'attributions qui excèdent leurs moyens d'action et de dépenses fort au-dessus de leurs ressources ordinaires, en même temps que leur droit légal dans les questions qui dépassent leur circonscription entrave les efforts des pouvoirs supérieurs pour réunir dans une action commune celles qui y auraient intérêt.

Ces causes ont amené la nécessité de faire face à la plus grande partie des charges des populations rurales avec des fractions de l'impôt général, sous la dénomination de centimes additionels, dont il appartient conséquemment au pouvoir central d'autoriser le prélèvement et l'emploi.

Avant la révolution de 1789, l'administration du territoire de la France était toute concentrée dans les provinces; l'action et la délibération n'étaient pas séparées du contrôle; en les étendant à quatre-vingt-six départements et en créant 38,000 centres à l'action municipale, on a nécessairement accru la nécessité de ce contrôle.

Ainsi, la centralisation était dans les habitudes avant que de devenir une des bases du système administratif qui nous régit ; mais il ne suffit pas qu'elle soit écrite dans nos lois, elle doit exister forte et active dans la pratique (1).

Les institutions de l'an 8 marchaient, dès le début, au moyen de la forte impulsion partant d'un centre unique, que Napoléon savait donner à une organisation qu'il avait fait sortir du chaos ; il y joignait un soin extrême de ne pas laisser en dehors de son action toutes les capacités qu'il pouvait y rattacher.

Ce puissant esprit d'organisation, dont nous avons déjà trop oublié les traditions sous ce rapport, ne croyait pas qu'on pût donner assez de soins aux intérêts d'un grand pays ; il avait fortement constitué la tête de chacune des branches de l'administration publique.

Le mobile de l'action administrative devait sans doute changer après lui, en ce sens que la volonté nationale devait remplacer la volonté d'un seul, pour l'appréciation du but de cette action et l'affectation des moyens de l'atteindre ; mais l'action elle-même devait être maintenue dans toute sa force.

La révolution de Juillet a bien conservé les formes de l'organisation de l'an 8, en rendant seulement aux circonscriptions administratives et municipales l'élection de leurs conseils ; mais cette révolution, dominée par des idées d'économie, a affaibli les rouages de l'administration en croyant seulement les simplifier.

Par la suppression du plus grand nombre des places intermédiaires destinées à régulariser et à compléter l'impulsion administrative, elle a tenté le même genre de réforme

(1) On a pu réduire le nombre des objets sur lesquels s'exerçait la centralisation ; mais il ne fallait pas diminuer sa puissance sur ceux qu'on jugeait devoir lui rester soumis.

qu'on opérerait dans une manufacture, en supprimant les principaux contre-maîtres, pour n'avoir affaire qu'aux simples ouvriers (1).

C'est donc après l'affaiblissement de ses principaux ressorts que l'administration a eu encore à subir les fâcheuses conséquences de sa réunion dans les mêmes mains, avec la direction politique et de la prédominance des questions de cet ordre sur les choses et les personnes.

Il n'y a plus aujourd'hui de concentration unique de l'action administrative que celle qui peut exister dans la pensée du président du conseil des ministres ; encore ses applications sont-elles dépendantes de son influence sur ses collègues, car il ne lui est pas donné d'organes secondaires pour l'exercer ; il n'a même pas dans ses attributions la présidence du conseil d'État.

Ce conseil n'est plus aussi le puissant instrument de centralisation des gouvernements consulaire et impérial ; ses avis, qui étaient directement approuvés par le chef de l'État, et qui faisaient loi dans les matières administratives, ne sont plus obligatoires, même pour les ministres qui les provoquent.

Ses décisions sur les actes du pouvoir qui lui sont déférés en matière contentieuse, n'ont de force que lorsqu'ils sont convertis en ordonnances contre-signées par le ministre de la justice.

---

(1) Les ministres d'État destinés à composer les conseils de haute administration d'hommes exercés à la pratique des affaires, puisqu'ils avaient été ministres, ont été supprimés.

Les directions générales ont été privées de leurs conseils spéciaux d'administration, et ont été réduites au niveau des divisions dans les ministères (*). Quelques-unes, celle des communes, celle des établissements publics, etc., sont devenues de simples bureaux dans la division départementale.

Les secrétaires généraux des préfectures ont été supprimés.

Ainsi, de pouvoir supérieur qu'il était, le conseil d'État est devenu dépendant des ministres, et il se trouve placé, comme une juridiction ordinaire, dans les attributions du garde des sceaux.

Aucun de ses actes n'a de valeur par lui-même ; ce ne sont en définitive que des conseils que la responsabilité des ministres les dispense de suivre. Rien ne constaterait son intervention dans la marche des affaires, sinon cette formule rappelée dans le préambule de certaines ordonnances : *notre conseil d'État entendu.*

La marche générale de l'administration ne peut pas avoir de règles absolues ; tout y est relatif et subordonné à l'intérêt du plus grand nombre. Mais cet intérêt ne se démontre pas lui-même, il faut aller le chercher dans les rapports entre les faits qui appartiennent à la vie sociale des états.

Sans doute la science de la formation des richesses des nations, de tout ce qui tend à favoriser ou nuit à la satisfaction de leurs besoins moraux ou de leurs intérêts matériels, est loin d'être à l'état de code. Les inductions de cette science ne se traduisent pas toujours facilement en prescriptions applicables aux faits existants qui se sont créés en dehors de ses prévisions ; mais l'économie politique est cependant le seul guide certain des administrateurs, à travers la confusion qui existe dans nos lois administratives.

En définitive, les difficultés de l'action gouvernementale, sous le rapport de l'administration intérieure du pays, résultent encore moins de l'insuffisance que de la mobilité des personnes chargées de diriger sa marche habituelle et de provoquer le perfectionnement de ses institutions secondaires.

Les questions de personnes se présenteront donc dans notre examen moins comme l'objet d'une critique stérile, que dans le but de faire apprécier toutes les causes de l'impuissance de l'administration, pour une plus complète réalisation des améliorations qu'on devait attendre dans son action, de l'ordre de choses actuel.

Pour être juste envers elles, il conviendra de distinguer ce qui, dans leurs actes, appartient à leur propre impulsion, de ce qui est dû aux influences qu'elles ont eu à subir.

L'administration ne doit être subordonnée à l'impulsion de la politique que dans son esprit et dans les données générales de son action.

Hors de là, ses applications doivent en être d'autant plus distinctes et indépendantes que les formes de nos institutions appellent au timon du char de l'État les esprits formés par les discussions politiques, de préférence à ceux fortifiés à l'action gouvernementale par la pratique des affaires publiques et l'expérience des faits dans les fonctions secondaires de l'administration.

Les électeurs qui expriment par leurs votes la volonté nationale composent l'aristocratie réelle du pays; mais cette aristocratie, confondue dans la classe moyenne, est toute relative ; elle n'est qu'une forme adoptée pour faire intervenir le plus grand nombre possible des membres de la société dans ses affaires. Il ne lui est pas donné de faire un corps ayant ses tendances bien précises et qu'elle puisse formuler, d'une manière quelconque, en règles de conduite pour les mandataires du pays, qu'elle est appelée à choisir et non à diriger.

La classe moyenne n'est pas encore assez dégagée, à l'égard du gouvernement qu'elle a fondé, de ses instincts démocratiques ou d'opposition contre le gouvernement qu'elle a renversé.

Il semble qu'après avoir vaincu, elle soit toujours appelée à combattre ; qu'après avoir fait prévaloir ses droits, elle cherche encore des champions pour les défendre, plutôt que des régulateurs de l'action qu'ils lui confèrent.

D'un autre côté, les candidats à la députation l'acceptent

comme un témoignage d'estime des localités où ils résident. Beaucoup n'en considèrent que les devoirs politiques, et font consister ces devoirs dans l'obligation de voter avec le parti à l'influence duquel ils doivent leur nomination.

Les députés appartiennent généralement à la classe moyenne, où l'éducation ordinaire ne prépare pas toujours aux travaux qu'exigent les affaires publiques, dans lesquelles l'étude des lois civiles rencontre même peu d'occasions de s'appliquer.

Les hommes qui entrent dans l'administration par la députation, y parviennent à une époque de la vie où ils sont déjà dominés par les soins qu'exige la tendance générale de l'époque à accroître le bien-être de la famille par l'augmentation des fortunes privées ou les travaux des professions libérales qu'ils ont embrassées. Le temps et l'occasion ont dû leur manquer pour acquérir, par des études spéciales, l'aptitude nécessaire pour bien remplir les fonctions administratives créées pour les nécessités du service public, et non pour devenir des récompenses décernées au mérite politique.

Les discussions politiques ont l'avantage d'exciter à un haut degré l'attention publique ; les personnes qui s'y font remarquer acquièrent promptement une position parlementaire qui est aujourd'hui le but de toutes les ambitions et la voie la plus courte pour arriver aux sommités de l'administration.

On ne doit donc pas s'étonner de l'espèce de dédain dans lequel est tombée la pratique de ses détails dans les fonctions secondaires.

La recherche sérieuse des besoins sociaux qui se révèlent dans la marche de l'administration, l'appréciation des véritables déductions des principes de l'économie sociale, l'à-propos de leur application aux faits existants, paraissent une tâche très-ingrate aux esprits habitués à se contenter de généralités, et à qui elles suffisent pour parvenir aux positions les plus enviées, indépendamment de toute aptitude d'action pour la conduite des affaires publiques.

A l'époque actuelle, on cherche plus que jamais les places qui pourront convenir aux hommes, et non les hommes qui conviennent aux places.

L'aptitude d'action résulte, 1° de la connaissance des faits par l'étude et l'observation ; 2° d'une puissance d'impulsion sur les personnes et les choses qui embrasse beaucoup d'objets à la fois.

L'habileté de l'administrateur consiste principalement dans la faculté, acquise par l'expérience, de donner, à l'instant même, les promptes solutions qu'exige la rapidité du mouvement des affaires et qui se trouvent les meilleures après un complet examen.

Le talent de l'orateur s'emploie souvent à suppléer à la connaissance complète des faits par de brillantes théories qui suffisent au succès du moment, sauf à rester définitivement inapplicables.

Mais le mérite de l'action administrative ne se manifeste qu'avec le temps, et aux yeux du petit nombre en état de l'apprécier : les effets de tribune sont instantanés, et pénètrent immédiatement dans les masses.

Toutes ces causes entraînent les esprits vers la politique et dans des débats dont la prolongation a principalement pour objet de faire valoir les hommes de parole.

Les questions économiques qui ont besoin d'une solution légale perdent beaucoup de leur intérêt auprès de la vivacité des luttes politiques. Et cependant les discussions d'ordre politique intérieur, en ce qu'elles ont d'avoué et d'admissible dans les Chambres, ne peuvent plus avoir pour objet que des questions accessoires à l'ordre de choses fixé par la Charte de 1830, et qu'elle a laissées dans le domaine de la loi.

La politique règle les formes du gouvernement ; c'est le

moyen : une bonne gestion des affaires publiques est le but.
C'est pour administrer le pays dans ses véritables intérêts que
sont organisés les pouvoirs publics.

II.

DE LA FORME DE L'ÉLECTION DES DÉPUTÉS PAR ARRONDISSEMENT.

C'est à notre mode d'élection qu'il faut renvoyer la plus
grande partie des reproches si souvent adressés à la Chambre
des députés.

On a voulu sans doute des députés de la France entière
essentiellement voués à ses intérêts généraux, et on a fait ce
qu'il fallait pour n'avoir que des envoyés d'arrondissements
préoccupés d'abord des intérêts de leurs localités.

Il pouvait difficilement en être autrement d'un système qui
attribue l'élection de chaque député individuellement à une
fraction du territoire déterminée à l'avance, abstraction faite
du nombre d'électeurs qu'elle renferme, sauf à atteindre celui de cent cinquante par l'admission des plus imposés au-des-
sous du cens.

C'est dans l'aristocratie de l'intelligence que se forme l'opinion publique, dont l'influence doit agir sur les choix à faire
pour diriger l'élection sur ses véritables représentants ; mais
c'est l'aristocratie du cens, telle qu'elle se trouve dissé-
minée dans les arrondissements, qui procède matériellement
à l'élection.

L'opinion publique ne se produit pas instantanément au

même degré d'épuration dans tous ces arrondissements ; partant des principaux centres de population, elle rencontre dans les colléges actuels, lorsqu'elle tend à y pénétrer, beaucoup plus de liens et de considérations d'intérêts privés qu'elle n'en aurait à vaincre pour atteindre le même but dans un ressort d'élection plus étendu, le département par exemple.

Lorsque cent cinquante ou deux cents personnes peuvent faire l'élection d'un député, les obligations que ce député contracte avec chacune sont plus directes, plus impérieuses que ne seraient celles de quatre, cinq, six ou même sept députés envers les trois ou quatre mille électeurs dont se composerait chaque collége s'il était réuni par département.

L'impossibilité de satisfaire aux intérêts secondaires de tout un département, la contradiction qui existerait nécessairement entre ces intérêts, leur feraient évidemment céder la place à des considérations d'un ordre plus élevé.

On s'occuperait plus d'apprécier l'aptitude spéciale des candidats pour les questions d'ordre général, que leur bonne volonté à faire prévaloir les intérêts locaux, auxquels d'ailleurs l'administration doit pourvoir avec justice et impartialité pour tous, et non dans le but de seconder des vues d'ambitions personnelles.

Dans l'arrondissement, rien ne s'oppose à ce que l'élection ne devienne un arrangement fondé sur des convenances particulières, indépendamment de toute considération d'intérêt public (1).

Les électeurs donnent habituellement leur vote comme un service personnel, et c'est à ce titre qu'il est généralement réclamé par les candidats de la localité.

---

(1) « Dans plus d'un arrondissement, a dit M. Billaut à la Chambre des dé-
« putés, les sollicitations d'intérêt, soit local, soit personnel, semblent être pour le
« député la condition de l'élection future ou l'obligation de l'élection passée.
(Séance du 8 janvier 1840.)

Les députés ainsi élus se trouvent dans une dépendance morale qui ne fait que s'accroître par leur contact habituel avec les électeurs du petit cercle où se trouvent confondues leurs relations de tous genres, politiques et privées.

Les conséquences de cet état de choses sont :

Que les préfets lutteraient en vain, dans un intérêt plus général, contre le vouloir des députés, dans les solutions qui peuvent contribuer à maintenir les bonnes dispositions des électeurs à leur égard ;

Que les députés sont à Paris les hommes d'affaires obligés de leurs arrondissements ;

Qu'ils sont forcés de consacrer aux sollicitations incessantes dont on les charge une grande partie du temps qu'ils doivent aux devoirs de la députation ;

Que leur intervention dans tous les genres d'affaires gêne les rapports officiels des agents de l'administration avec les ministres ;

Que leur affluence dans les ministères entrave l'action des bureaux, de telle sorte qu'il faudrait doubler les chefs de service pendant la durée des sessions, pour laisser le travail ordinaire aux uns, tandis que les autres seraient occupés à répondre aux députés et à discuter avec eux les motifs de leurs demandes;

Que les faveurs et les places qu'obtiennent les députés sont, pour la plupart, autant d'atteintes à la juste répartition de ces faveurs, ainsi qu'au maintien de la spécialité et de l'ordre hiérarchique des fonctions publiques;

Qu'indépendamment des mauvais choix qui peuvent en résulter, les avancements accordés sur les sollicitations des députés, aux dépens des droits acquis, découragent le zèle des employés du gouvernement, et ralentissent leur activité.

L'ensemble de ces causes a pour effet d'énerver profondément l'action de l'administration, et de la rendre tout à fait insuffisante.

On doit comprendre quelle doit être l'ardeur apportée dans les sollicitations des députés en faveur de leurs électeurs, et les difficultés d'ordre politique qui empêchent souvent les ministres d'y résister, quand de leur succès peut dépendre la continuation dans les honneurs de la députation, et souvent leur transmission dans la même famille.

Je ne m'étendrai pas sur les conséquences politiques d'un pareil état de choses, dont l'abus pourrait, à la longue, produire moins de mutations dans le personnel essentiellement mobile de la Chambre des députés que la mort n'en occasionnerait dans la Chambre inamovible des pairs. Il serait singulier que l'hérédité passât en fait, de cette manière, de l'une à l'autre de ces deux fractions du parlement.

En prenant les choses sous le point de vue de la résistance qu'il est de l'intérêt permanent de l'administration d'opposer à ces déviations de la justice et des convenances imposées à son action, il faut considérer si la situation faite au pouvoir ministériel par les oscillations de la Chambre des députés lui permet cette résistance au vouloir individuel de ses membres.

Les ministres qui arrivent aux affaires se jugent naturellement capables de les bien diriger. Tous ont de bonnes intentions, mais ils sont dominés par le besoin d'assurer leur majorité, principalement à la Chambre des députés.

Dans cette situation d'esprit, leurs concessions aux députés ne sont que des considératious accessoires à leur premier besoin, celui d'une majorité.

Elles ne leur paraissent d'ailleurs que des sacrifices momentanés, comme dans la crainte d'un péril on jette à la mer, quelquefois inutilement pour le salut du vaisseau, les canons qui manquent plus tard à la destination pour laquelle il a été armé.

Les ministres en fonctions trouveront toujours une majorité nombreuse pour réprimer l'émeute, pour décider de la guerre ou de la paix, enfin contre un danger facilement reconnu par tous; mais la difficulté a été jusqu'ici de conserver cette majorité, pour assurer dans les circonstances ordinaires la marche de l'administration.

Il serait très-fâcheux qu'elle fût condamnée à faire constamment les frais de ces essais de majorité aux dépens de la régularité de son action, dont l'importance ne domine pas assez les esprits, et parce que les dangers de ces infractions restent inaperçus pour ceux qui en profitent ou qui les provoquent.

Les députés veulent aussi conserver leur majorité électorale, et les électeurs agissent sur les députés comme ceux-ci sur les ministres.

Sans doute les électeurs et les députés n'ont point en vue, dans leur action incessante sur le pouvoir ministériel, l'état d'affaiblissement et de déconsidération dans lequel ils jettent ce pouvoir, lorsqu'ils entrent dans la voie qui a été ouverte à l'invasion des intérêts privés dans les actes de la vie politique.

Ils profitent d'une situation donnée qui permet l'existence de toutes ces influences isolées, sans apprécier les conséquences de leur ensemble, dont, en définitive, le pouvoir ministériel supporte seul la responsabilité vis-à-vis des Chambres lorsqu'elles sont assemblées, comme vis-à-vis du public.

S'il y a en définitive contrainte des députés envers les ministres, sous peine de perdre leur voix, c'est qu'une fois la porte ouverte à l'influence des considérations d'intérêts privés et des localités dans les élections, chaque député est forcé de s'en servir, quel que soit d'ailleurs son désintéressement personnel et sa notabilité parlementaire.

Telles sont les conséquences qui dérivent du système d'élection par arrondissement, indépendamment de toutes considérations sur les personnes.

Le pouvoir ministériel, considéré en lui-même indépendamment des hommes qui l'exercent, est-il impuissant contre les influences isolées des députés ? On ne pourrait pas admettre cette pensée sans désespérer de l'avenir du gouvernement représentatif dans notre pays.

III.

DE L'ACTION DES CHAMBRES SUR L'ADMINISTRATION, DE CELLE DES DÉPUTÉS PARTICULIÈREMENT.

L'existence des Chambres dans les gouvernements représentatifs a pour objet d'introduire, par la discussion publique dans les affaires du pays, les véritables principes de l'économie sociale, afin d'obtenir les résultats les plus favorables à ses intérêts généraux.

Les Chambres, comme toutes les assemblées locales nommées par le pays, sont chargées du contrôle des actes consommés du pouvoir d'exécution; elles pourvoient, sous le rapport des dépenses, aux prévisions de l'avenir; elles exercent une grande influence sur le choix des ministres, mais elles ne doivent intervenir en aucune manière, soit en masse, soit partiellement, dans l'action entièrement réservée aux ministres et à leurs subordonnés dans la hiérarchie administrative, et sous leur responsabilité.

Un des avantages les plus importants du gouvernement représentatif consiste dans la séparation de l'action et du contrôle sous un régulateur commun.

On ne doit attribuer à aucun parti dans les Chambres

l'intention d'altérer la constitution à laquelle tous leurs membres prêtent serment. L'ordre rationnel suppose donc leur division en deux fractions seulement : la majorité qui soutient le ministère dont elle a accepté le programme, et une minorité d'opposition toute constitutionnelle, ayant aussi son programme à appliquer lorsque les élections lui auront donné la majorité.

Une Chambre des députés nommée comme la nôtre l'est aujourd'hui, sous des impressions restreintes par l'exiguïté du cercle dans lequel se fait l'élection, a trop peu de force de cohésion pour se discipliner elle-même ; elle peut difficilement soumettre ses membres à se diriger entièrement par des considérations d'intérêt public, dont leur mandat n'est pas assez fortement empreint.

Aussi l'imposante majorité qui a consacré les résultats de la révolution de juillet par la Charte de 1830, s'est subdivisée depuis lors en plusieurs fractions dont les principales sont :

1° Celle des conservateurs, qui veut maintenir l'état actuel des choses, en ajournant les améliorations de détail, pour ne pas compromettre l'ensemble de l'édifice de notre constitution ;

2° Celle du centre gauche qui, autant qu'on puisse juger ses tendances, semble admettre les choses sous la condition d'avoir la plus grande part de leur direction ;

3° Enfin celle de la gauche, qui voudrait des modifications dans le cercle limité par la Charte, mais dont elle paraît réserver la manifestation complète pour l'époque de son entrée au pouvoir.

Ces divisions datent de la création du tiers parti, qui a rendu toutes les majorités incertaines.

Les partis, dans la Chambre des députés, n'ont pas de programmes arrêtés sur les systèmes d'administration qu'ils apporteraient aux affaires. Ce n'est pas le fond des questions intérieures qui les divise, car ils les résolvent de la même manière lorsqu'ils sont au pouvoir ou marchent d'accord avec lui.

Leur séparation se manifeste à cet égard par des noms propres plutôt que par des différences de systèmes.

Les luttes, dans la Chambre des députés, se sont donc portées sur des questions de personnes, et la formation d'une nouvelle majorité pour renverser le ministère existant et en former un autre, est devenue la principale occupation de chaque session.

De la prolongation de ces luttes résultent des incompatibilités entre les personnes, qui ne permettent plus la réunion dans un même cabinet des hommes les plus influents des Chambres ; chacune des hautes notabilités parlementaires ne peut y figurer qu'à son tour, avec un cortége accessoire de notabilités secondaires prises dans leurs amis politiques, sauf à supporter le choc des influences rivales restées en dehors de l'action gouvernementale.

Telle est la principale cause de la faiblesse que le pouvoir ministériel porte en lui-même, indépendamment de la trop grande influence que tous les députés individuellement ont exercée jusqu'ici sur les ministres.

Le mal serait moins grave si ces invasions successives des députés à la suite des principales notabilités parlementaires se bornaient à l'occupation des portefeuilles, et si les directeurs, même les sous-secrétaires d'État, restaient attachés aux affaires comme une dépendance essentielle des ministères en dehors de toute influence politique.

S'il y a une chose qui motive, aux yeux du public, l'extension des incompatibilités des fonctions publiques avec la députation, c'est la fréquente admission dans le personnel secondaire de l'administration centrale des députés dont le seul titre d'admission est d'être amis et soutiens politiques des ministres dans les chambres.

Cette incompatibilité qu'indiquent les convenances ne s'étend pas aux agents extérieurs dans chaque département ministériel, ni aux chefs d'administrations séparées que la députation est venue prendre dans une position acquise par des services antérieurs, et qui ne s'en servent pas pour obtenir un avancement prématuré, ou changer une carrière lente à parcourir contre une qui leur serait immédiatement plus profitable.

Il ne se trouve pas d'ailleurs, pour les besoins de toutes les phases de la politique, telles qu'elles se produisent aujourd'hui, assez d'esprits supérieurs aussi propres à suivre les procédés laborieux de l'application aux affaires publiques qu'à la discussion générale dont elles peuvent être l'objet dans les Chambres.

Ce sont deux qualités différentes qui peuvent exister à la fois dans la même personne, mais que l'expérience nous a démontré s'y rencontrer fort rarement.

Les spécialités pratiques de l'administration manquent souvent, à la tribune, de la lucidité nécessaire pour faire passer leurs convictions dans les assemblées; et, d'un autre côté, les orateurs doués de cette faculté n'ont pas toujours une connaissance assez approfondie des faits pour en tirer les plus justes conséquences.

C'est aussi deux positions fort différentes que celle du député appelé, comme membre d'un grand jury national, à apprécier d'après les lumières du bon sens les solutions législatives provoquées sur un exposé complet des questions qui appellent ces solutions, et celle de l'administrateur chargé de donner l'impulsion, ainsi qu'une solution immédiate à un bien plus grand nombre d'affaires.

Le temps manquerait aux hommes d'action s'ils avaient à les étudier chacune séparément sans l'habitude pratique et sans la connaissance antérieure des faits analogues qui en ont déterminé à l'avance la solution.

Mais il n'est pas dans l'esprit du temps de reconnaître la

spécialité distincte de l'administration pour ses divers services.

On n'apprend pas plus l'administration au barreau, dans les comptoirs des négociants, dans la pratique de la médecine, etc., qu'on ne se rend propre à ces diverses professions par les travaux de l'administration. Mais il faut à l'action politique du jour qu'avant tout rien ne gêne cette action dans les mutations du personnel administratif, et la tendance qui existe à y introduire des hommes nouveaux, sans conditions de services antérieurs qui constatent leur aptitude spéciale.

Les conditions de mérite ne s'entendent aujourd'hui que d'une situation politique ; et pour mieux constater cette tendance, nous remarquerons que beaucoup de personnes employées depuis la révolution de juillet l'ont été en dehors de la spécialité dont elles avaient fait le but de leur carrière.

Ainsi, de toutes manières, les portes de l'administration s'ouvrent aux influences des députés sans qu'aucune incompatibilité naturelle, aucun égard pour les droits acquis et les intérêts de l'administration, ou aucuns soins de la considération du pouvoir et de la Chambre des députés elle-même puissent arrêter des envahissements déterminés par l'exubérance de l'influence de cette Chambre.

Quant aux discussions générales de la Chambre des députés, on s'est fort souvent plaint de son inattention sur les questions économiques, celles qui touchent le plus directement aux intérêts du pays, lorsqu'elles sont dégagées de tout intérêt politique.

On a moins remarqué un autre fait, la propension de ses commissions, à refaire elles-mêmes, avec des données nécessairement incomplètes, les projets qui leur sont soumis sur ces matières, et qu'elles jugent insuffisants, au lieu d'en provoquer le renvoi à une nouvelle étude par des hommes spéciaux, et dans l'esprit général d'ensemble qui doit diriger l'administration.

Cette substitution des individualités des Chambres dans

une œuvre qui constitue une partie importante des devoirs des ministres, nuit à leur accomplissement, en ce qu'elle tend à faire considérer ces projets comme de simples cadres à remplir par les commissions, et à dégager ainsi le pouvoir ministériel de la responsabilité de leur imperfection.

Ne doit-il pas résulter de ces deux circonstances une sorte d'abandon du contrôle de la Chambre sur l'ensemble des actes ministériels, et qui doit embrasser non-seulement ce qui s'y trouve, mais encore ce qui manque à s'y trouver.

IV.

DE LA FORMATION DES CABINETS ET DE LA CANDIDATURE MINISTÉRIELLE.

Le mouvement régulier des gouvernements représentatifs doit amener naturellement à la tête des affaires publiques les hommes en état de les mieux diriger. Cependant il faut reconnaître que les monarchies absolues ont été souvent plus habiles ou plus heureuses dans leur choix que ne l'est en France, depuis plusieurs années, l'action des pouvoirs constitutionnels.

On peut en assigner plusieurs causes ;

D'abord les avenues du pouvoir, les positions dans lesquelles se choisissent les ministres n'ont-elles pas été à peu près exclusivement occupées, depuis la révolution de juillet, par les mêmes personnes ? Ne les avaient-elles pas acquises uniquement comme situations politiques par le seul fait de leur opposition contre le gouvernement précédent, le plus grand nombre sans vouloir s'élever plus haut et consentir à se charger du fardeau des affaires ?

D'autres s'y sont rendus impossibles, au moins pour quelque temps, par leur persistance à ne les considérer que sous le point de vue d'une opposition encore trop passionnée.

Enfin, une défiance exagérée contre tout ce qui appartenait au pouvoir, dans les premiers moments de la révolution de 1830, a fermé l'entrée de la Chambre des députés aux principaux agents du gouvernement dans les départements. Les incompatibilités établies par la loi d'élection portent sur les fonctions dont l'exercice forme le plus à la direction des affaires les esprits qui y sont déjà préparés par des études spéciales.

Nonobstant le rétrécissement dû à toutes ces causes, dans le cercle dans lequel a dû se mouvoir l'action politique pour le choix des ministres, les ministères ne sont pas restés vacants, et il s'est encore trouvé assez de membres des Chambres pour les occuper. A défaut de nouvelles capacités, les mêmes personnes ont figuré à plusieurs reprises dans les nombreuses combinaisons différentes que nous avons vues se former, sauf à y prendre d'autres portefeuilles que ceux dont elles avaient déjà été pourvues, tant l'action politique qui détermine la formation des cabinets met peu d'importance aux spécialités de l'action administrative.

Les cabinets formés de cette manière ont pris plus de soucis de la nécessité du concert politique que du maintien de l'ensemble de la marche des affaires du pays.

Lorsque des hommes politiques ont été portés tout à coup aux sommités de l'administration par cela seul qu'il leur fallait un siége dans le cabinet, devait-on laisser à l'inexpérience d'action de chacun de ces administrateurs improvisés le soin d'apprécier seuls les convenances de l'organisation à donner au ministère dont ils étaient chargés ? Les cabinets entiers, composés en partie d'hommes qui avaient déjà touché aux affaires, devaient comprendre la nécessité d'assurer, dans l'intérêt de la responsabilité commune, la marche régulière de chaque partie de l'administration.

En Angleterre, comme nous l'avons fait remarquer, une grande partie de l'action pour les questions intérieures s'exerce sans le concours du gouvernement : c'est au dehors qu'est sa principale affaire.

Le gouvernement d'un pays dont une grande partie de la population intérieure vit d'un travail qui s'exécute pour le dehors, doit veiller à maintenir les débouchés de ce travail et à chercher tous les moyens d'en ouvrir de nouveaux pour remplacer ceux que les progrès des autres nations peuvent lui enlever, et cela sous peine de laisser mourir de faim les nombreuses classes ouvrières, qui ne trouveraient pas d'emplois dans les besoins ordinaires de l'intérieur si les consommateurs étrangers venaient à leur manquer.

En France, la principale affaire du gouvernement est pour longtemps encore dans les améliorations que réclame la situation intérieure du pays.

Lorsque notre agriculture, par exemple, manque de capitaux, et qu'elle demanderait un plus grand nombre de bras que ceux qui y sont occupés, il n'y a pas d'avantages à jeter nos populations dans les voies où l'Angleterre a déjà pris une grande avance ; devons-nous laisser une partie du capital se perdre dans des concurrences impossibles à soutenir ? devons-nous favoriser l'accumulation insolite et disproportionnée, dans nos villes, de ces populations détachées entièrement du sol, pour vivre uniquement du travail le plus abrutissant de tous, de la filature et du tissage, dans lequel les machines jouent le rôle le plus intelligent, et qui est porté chez nos voisins à ce degré d'exagération, qu'il ne faut pas moins qu'une moitié du monde pour en consommer les produits ?

Si je pouvais croire au bien-être de la classe commune

des ouvriers anglais que suppose, sans le réaliser, l'immense mouvement commercial de cette nation, j'hésiterais encore à fonder la prospérité de la France sur une base aussi incertaine pour l'avenir, surtout s'il fallait l'obtenir aux dépens de l'intelligence et par la dépression morale d'une partie de ses habitants.

On comprendra, j'espère, que je n'entends attaquer ni le travail ni le commerce extérieur, mais les fausses directions dont il peut dépendre de l'administration de les préserver.

Dans la situation qui leur est faite, les ministères en France sont de plus lourdes machines qu'en Angleterre, parce qu'ils ont à s'occuper de beaucoup plus de soins d'administration. Nos hommes d'Etat ont donc une tâche plus rude ; elle leur est, en outre, rendue plus difficile, parce qu'ils ne sont pas poussés par un intérêt aussi nettement défini, aussi vivant que celui qui anime les ministres anglais, derrière lesquels se range leur pays, en considération du but à atteindre, alors même qu'il n'approuve pas toujours les moyens dont ils font usage.

Le principal rôle des ministres français n'est donc pas celui qu'ils ont à jouer en présence des Chambres, et quelquefois de l'Europe, pour les questions politiques, mais celui que leur impose, vis-à-vis du pays, une bonne direction des questions de l'ordre intérieur ; car c'est là qu'est la vie principale de la France, ce qui fait sa force. Et cependant les candidats au pouvoir ministériel se croient toujours suffisants pour ce dernier devoir quand ils ont essayé leurs forces dans la discussion sur le terrain de la politique. Ils sont fort rarement assez préoccupés du lourd fardeau qu'imposent aux ministres les soins multipliés de la direction des affaires administratives.

Les bureaux dont sont composés nos ministères peuvent bien préparer, sans l'impulsion directe d'un nouveau ministre, une grande partie des questions que soulèvent les rapports avec le public ou les agents extérieurs de chaque département ministériel, et dont les solutions se formulent d'après des habitudes prises en suivant des filières qui viennent se résumer dans les directeurs ou chefs de divisions pour aboutir au ministre ; mais la marche générale des affaires, les modifications que peuvent réclamer les habitudes des bureaux appartiennent à l'action spéciale du ministre. Le temps doit presque toujours leur manquer pour les améliorations, même celles qu'ils conçoivent, parce que, dans l'état actuel, ils n'arrivent pas avec des connaissances pratiques suffisantes pour les mettre immédiatement à exécution, et qu'à peine ont-ils pu acquérir ces connaissances, qu'ils doivent se retirer pour faire place à d'autres.

Le peu de temps que nos hommes d'Etat passent dans les mêmes ministères leur fait douter de la force que le pouvoir d'action porte en lui-même, lorsqu'à l'instruction qu'il faut pour le bien diriger se joint la fermeté de caractère qui rend son emploi profitable aux affaires.

D'un autre côté, la fréquence des crises ministérielles n'aurait pas autant affaibli le pouvoir ni altéré aussi sensiblement les progrès de la richesse publique, en occasionnant des retards irréparables dans la satisfaction à donner aux besoins communs, s'il existait un système d'administration bien coordonné que les ministres, se succédant aussi rapidement, dussent prendre au point où le laissent leurs prédécesseurs pour le continuer dans le même esprit et avec les mêmes instruments.

Nous aurions plus de chemins de fer, de canaux, de routes, de travaux de communes, etc. ; en un mot, plus de résultats d'une administration constante dans les mêmes efforts, si l'instabilité des cabinets ne désorganisait pas à chaque fois le haut personnel des ministères.

A l'exception de quelques branches spéciales des finances, nous n'avons plus de ces administrations distinctes assez fortement constituées pour agir d'elles-mêmes comme les volants des machines, destinés à régulariser le mouvement et le continuer dans les moments d'interruption de la force motrice ; toutes les parties de l'administration ont été ramenées, en vue sans doute de satisfaire au principe de la responsabilité ministérielle, à l'impulsion directe et immédiate des ministres.

On n'a pas considéré la difficulté de réunir dans une seule main un trop grand nombre de fils conducteurs des affaires, sans les rassembler par de puissantes filières qui les aient dégrossis avant de les faire aboutir aux ministres, et c'est quand ils sont tellement absorbés par les soins politiques vrais ou factices, lorsqu'ils peuvent à peine suffire aux signatures de chaque jour, qu'il leur est donné de régler les plus petits détails de l'action journalière et d'embrasser les améliorations de cette action pour l'avenir.

L'éducation ministérielle, celle qui se fait sur les bancs de la Chambre des députés, dispose beaucoup plus les esprits à généraliser les idées qu'à se former des convictions fortes et à développer le caractère soutenu qu'exige et que fortifie l'action bien employée à la direction des affaires publiques, même dans les positions secondaires de l'administration.

L'habitude de rechercher les instincts des masses dans les Chambres conduit ordinairement à assouplir les solutions mêmes des questions économiques à l'opinion qu'on se forme de ces instincts, quelle qu'en soit la mobilité. L'art suprême, pour les esprits politiques, est de rallier les éléments mouvants des majorités, en donnant non-seulement aux idées, mais aux faits eux-mêmes, la couleur qui convient à la condition de ces majorités.

Et, cependant, si les discussions d'ordre politique admettent des transactions entre des principes différents, les diverses solutions qu'elles peuvent recevoir paraissant également favorables jusqu'à l'épreuve de l'expérience à la marche d'ensemble des pouvoirs et aux progrès, il n'en est pas de même des questions économiques : ces dernières présentent toujours une solution qui est la meilleure de toutes dans l'ordre de choses donné, un point vrai qui les domine en principe, et auquel doit se conformer l'application, quelle que soit la manière de l'envisager à laquelle peuvent être momentanément entraînés les partis politiques ou les opinions individuelles et collectives qui ont intérêt à l'obscurcir.

Ce point vrai a pour les administrateurs exercés, lorsqu'ils sont armés par la connaissance exacte des faits de tous les moyens de le déterminer, le caractère d'une démonstration mathématique dont ils ne peuvent se départir, et sur lequel il n'y a pas à transiger.

De tout cela il résulte que les affaires qui intéressent le plus le public sont en général traitées trop sommairement. En sommes-nous dédommagés par de belles paroles pour nous démontrer qu'il en doit être ainsi?

Nous avons voulu appeler l'attention sur les causes générales des difficultés de l'action administrative, et les conséquences possibles des fausses voies dans lesquelles nous sommes engagés et qui nuisent,

En premier lieu, au public dont les affaires sont moins bien faites, et à la sécurité si nécessaire dans la position des nombreux agents employés pour le gouvernement ;

En second lieu, à la force morale que doit conserver le pouvoir, et à la considération de la Chambre des députés;

Enfin, aux progrès que le gouvernement constitutionnel a encore à faire dans les esprits. Il ne faut pas qu'on voie l'intrigue transportée d'un centre unique, l'Œil-de-Bœuf, jusque dans les hameaux, et venir réagir ensuite sur la direction des affaires par la salle des conférences de la Chambre des députés.

Les ministres ne doivent pas laisser supposer qu'ils décident des affaires sous l'impression de leurs conversations particulières avec des membres de la Chambre ; que c'est là surtout que se consomment les sacrifices des agents de l'administration faits aux influences des députés, la plupart sur des allégations verbales sans traces écrites qui en permettent une exacte appréciation.

Il serait singulier que l'opinion publique exerçât en définitive moins de puissance lorsqu'on a prétendu donner des organes officiels à son influence, qu'elle n'en obtenait, en leur absence, sur un pouvoir sans contrôle.

En présence de la réalité sérieuse du gouvernement représentatif, les uns regretteraient moins le despotisme tempéré de l'ancienne monarchie ou l'absolutisme de l'empire, et d'autres chercheraient moins à réhabiliter les procédés tyranniques d'une république dans laquelle violence devient la compagne obligée des vertus civiques pour dominer les sociétés modernes.

Pour arriver à cette réalité, ne faut-il pas, comme je l'ai indiqué, 1° arrêter l'envahissement continu des intérêts locaux et privés, conséquence inévitable de la réunion des électeurs par arrondissement pour l'élection de chaque député ;

2° Prévenir l'annihilation et la déconsidération du pouvoir ministériel ;

3° Enfin garantir le caractère de député de l'état de dégradation qui ne manquerait pas de l'atteindre à la longue dans la position qui lui est faite aujourd'hui.

Toutes les positions auront à gagner par la séparation rigoureusement maintenue entre l'action gouvernementale et le contrôle exercé publiquement sur cette action par les Chambres, et la Chambre des députés particulièrement.

Ces premières indications, seront suivies dans la *Revue administrative*, d'un examen plus précis de l'organisation et de la marche de l'administration en France.

www.ingramcontent.com/pod-product-compliance
Lightning Source LLC
Chambersburg PA
CBHW051334060726
47596CB00004B/1616